SPECKSTEIN
Figuren entwerfen und gestalten

Renate Reher

SPECKSTEIN

Figuren entwerfen und gestalten

ENGLISCH VERLAG

Die Deutsche Bibliothek – CIP-Einheitsaufnahme
Speckstein: Figuren entwerfen und gestalten / Renate Reher. – Wiesbaden: Englisch, 1996
ISBN 3-8241-0665-5

© by F. Englisch GmbH & Co Verlags-KG, Wiesbaden 1996
ISBN 3-8241-0665-5
Fotos Christian Geisler
Printed in Spain

Inhaltsverzeichnis

Vorwort

Speckstein ist ein Material, das zur plastischen Gestaltung hervorragend geeignet ist: es ist sehr weich, nicht teuer und bietet viele Form-, Farb- und Maserungsvarianten.

Trotzdem ist jeder Rohstein zunächst eine Herausforderung: da liegt oder steht er vor einem, und nun soll etwas daraus entstehen. Vielleicht haben Sie sofort eine Objektidee, vielleicht müssen Sie den Stein erst auf sich wirken lassen, vielleicht wollen Sie aber auch gleich anfangen und erst allmählich sehen, was daraus werden könnte. Wichtig ist in jedem Fall, daß Sie Mut haben, daß Sie sich trauen, sich dabei aber nicht zu sehr einengen, indem Sie unter einem inneren Druck denken, daß das Stück unbedingt gelingen muß. Im Gegenteil sollten Sie mit spielerisch-kreativer Phantasie und insgesamt „locker" an die Arbeit gehen. Dann können sehr schöne Stücke entstehen.

Als erste Arbeiten eignen sich vorzüglich kleine, einfach strukturierte Tiere, die der Phantasie entsprungen oder einem lebenden Vorbild nachempfunden sind. Entsprechende Beispiele finden Sie in diesem Buch. Rasch kann der Anfänger sich dann, und das ist ein großer Vorteil des Materials Speckstein, auch an schwierigere Arbeiten wagen. Einige der Plastiken in diesem Buch entstammen beispielsweise einem Volkshochschulkurs, in dem zunächst alle Teilnehmer Anfänger waren, die aber schon recht bald die hier abgebildeten, durchaus sehenswerten Arbeiten schaffen konnten. Und wenn etwas einmal nicht gelingen sollte oder beim Arbeiten zerbricht, denken Sie daran: Übung macht den Meister!

Wen die Faszination des Materials und der Spaß am Gestaltungsprozeß nicht mehr losläßt und wer zusätzliche Anregungen haben möchte, sei auf die weiteren Bücher der Verfasserin hingewiesen: „Speckstein – Dekorative Gebrauchsgegenstände" und „Speckstein – Plastisches Arbeiten und Gestalten", ebenfalls erschienen im Englisch-Verlag.

Ob nun eine abstrakte Plastik, ein naturgetreues Tier oder ein Gebrauchsgegenstand – nicht nur das fertige Produkt bereitet Freude, sondern schon die Arbeit mit dem Stein an sich macht Spaß, läßt einen nicht mehr los und weckt die Lust auf mehr.
In diesem Sinne wünsche ich Ihnen viel Erfolg und Freude.

Renate Reher

Einführung

Tiere und Menschen gestalten

Tiere haben den Menschen von jeher faszirniert. Schon unsere Vorfahren in der Steinzeit haben die Tiere ihres Lebensraumes an die Felswände ihrer Höhlen gemalt. Ebenso sind sie mit der menschlichen Gestalt verfahren, der Abbildung ihres eigenen Ichs.

Tier und Mensch waren seitdem in allen Kulturen und Zeiten Objekte der Darstellung und Gestaltung in Malerei und Plastik. Sie haben als solche eine große Popularität gewonnen und behalten.
Durch das Entstehen von Zoos mit überwiegend fremdländischen Tieren im Be-

8

stand ebenso wie durch den weltweiten Tourismus hat sich die Bandbreite der Tierdarstellungen in den letzten 100 Jahren stark verändert. Waren es früher, von wenigen Ausnahmen abgesehen, hauptsächlich die Tiere des engeren Lebensraumes, die abgebildet wurden, so haben seitdem auch Tiere Eingang in die künstlerische Gestaltung gefunden, die nicht in unseren Breiten leben, beispielsweise Tiger, Elefanten, Krokodile, Pinguine, exotische Fische. Tiere faszinieren den Menschen nicht nur durch ihre Gestalt, sondern ebenso als Sinnbilder menschlicher Eigenschaften, die ihnen zugeschrieben werden. In der gängigen Meinung steht der Löwe für Mut und Stärke, der Fuchs für List, die Eule für Klugheit und Weisheit, usw.

So ist die Wahl eines bestimmten Tieres, von dem Sie eine Plastik schaffen möchten, unter Umständen auch durch eine Identifikation oder Faszination mit den ihm zugeschriebenen Eigenschaften bestimmt.

Bevorzugte Motive sind häufig Haustiere, wie Katze, Hund, Pferd, Papagei, Goldhamster oder Schildkröte. Bei ihnen allen haben wir die Gelegenheit zum genauen Beobachten und Studieren. Bei anderen Tieren müssen wir dagegen, wenn es uns um eine realistische Darstellung geht, Abbildungen in Büchern und Zeitschriften zu Hilfe nehmen oder sie unmittelbar in Freigehegen oder im Zoo studieren. Denkbar ist auch, daß ein Phantasietier geschaffen oder ein in der Natur vorkommendes Tier so stark abstrahiert wird, daß es die Naturform verliert.

In diesem Buch überwiegen zwar die Tierdarstellungen, aber auch der Mensch wird als Objekt künstlerischen Schaffens berücksichtigt. Daß der Mensch sich selbst abbildet und gestaltet, ist allen Kulturkreisen eigen. Dieses Buch zeigt daher auch einige Abbildungen des Menschen aus Speckstein und nimmt zu den darin liegenden Möglichkeiten Stellung.

Freie Formen

Plastiken von Tieren und Menschen gibt es seit unendlicher Zeit. Freie Formen sind dagegen in unserem Kulturkreis eine Entwicklung der letzten 100 Jahre.

Zur freien Formgestaltung führen 2 Wege: einmal eine sich nach und nach steigernde Abwendung vom Naturalistischen bis hin zur abstrahierten Versinnbildlichung des Objektes, zum anderen die Darstellung eines von vornherein abstrakt gesehenen Urtyps.

Der erste Weg, der sich beim Gestalten freier Formen geradezu aufdrängt, besteht darin, im Gestein bereits vorhandene Formen „nachzufühlen" und mit den Mitteln der Specksteinbearbeitung auszugestalten. Der zweite Weg ist der einer geplanten individuellen Neuschöpfung, deren Formgebung sowohl vom Kopf her als auch aus dem Gefühl heraus erfolgen kann.

Das „Nachfühlen" des Steins, d.h. das Sehen („Ahnen") eines bestimmten Objektes in stark vereinfachter Form, kann ein sehr befriedigender Vorgang sein, bei dem das Ergebnis sich von selbst durch sanftes, gezieltes Wegnehmen von Gesteinsmasse mit den üblichen Werkzeugen der Specksteinbearbeitung einstellt.

Bei dem zweiten Weg ist es ratsam, einen Entwurf der geplanten Form vorangehen zu lassen und danach einen geeigneten Stein auszusuchen, der nach Form und Größe eine Realisierung des Gedachten zuläßt. Dabei ergibt sich oft zwangsläufig, daß Sie den Rohling bei den vorbereitenden Schritten durch schlagendes Arbeiten mit Fäustel und Meißel oder durch Zurechtsägen sehr viel mehr verändern müssen als beim zuerst genannten Vorgang.

Einige Informationen über das Material Speckstein

Speckstein ist ein sehr weiches Material und deshalb für plastische Arbeiten hervorragend geeignet.

Die wissenschaftliche Bezeichnung ist Steatit, im angelsächsischen Sprachkreis ist Speckstein auch unter dem Namen „soapstone" (Seifenstein) bekannt. Seine chemische Formel lautet: $Mg_3(OH)_2Si_4O_{10}$; es handelt sich um dichte Aggregate des Minerals Talk, ein hydratisiertes Magnesiumsilikat.

Nach der Mohs'schen Härte-Skala, die die Härte der Mineralien von 1–10 angibt, hat Speckstein die Härte 1, das bedeutet, daß er schon mit dem Fingernagel ritzbar ist. Der Diamant als das härteste Mineral liegt im Vergleich dazu mit der Härte 10 am anderen Ende der Skala. Andere Gesteine, die gerne für Bildhauerarbeiten verwendet werden, liegen dazwischen: Alabaster (Varietät des Gips) Härte 1,5–2, Marmor (kristalliner Kalkstein) Härte 3, Granit (Hauptmineral Quarz) Härte 7.

Wegen der geringen Härte ist das Bearbeiten des Specksteins körperlich nicht sehr anstrengend. Überdies lassen sich Werkzeuge verwenden, die in vielen Haushalten bereits vorhanden sind, beispielsweise Sägen, Bohrer, Feilen, Messer. Speckstein gibt es, je nach Herkunft, in den unterschiedlichsten Farben: Weiß, gelblich, Grün, Grau, Beige, rötlich, Braun, Rosa und Schwarz. Maserungen, die innerhalb eines Steines auftreten können und auf die man häufig erst beim Bearbeiten stößt, geben vielen Objekten einen zusätzlichen Reiz. Obwohl der Speckstein, der für plastische Arbeiten geeignet ist, hauptsächlich aus überseeischen Ländern importiert wird (vorwiegend aus China, Indien, Ostafrika, Brasilien, Australien, Kanada und Ägypten), ist das Material relativ billig. Speckstein wird auch bei uns (z.B. in den Alpen) gewonnen, findet jedoch wegen seines höheren Härtegrades nur für technisch-industrielle Zwecke Anwendung. Dabei steht die Ausnutzung seines großen Wärmespeichervermögens als Isoliermaterial im Vordergrund.

Material und Werkzeug
Woher bekomme ich Speckstein?

Speckstein, der die qualitativen Anforderungen für die künstlerische Bearbeitung erfüllt, wird hauptsächlich aus Übersee importiert (s. oben).

Viele Bastelgeschäfte und Versandfirmen, die auf Bastel-, Hobby- und Künstlerbedarf spezialisiert sind, führen Speckstein. Bastelgeschäfte können aus Platzgründen häufig keine sehr reichhaltige Auswahl anbieten. Im Gegensatz dazu haben die Versandfirmen meist eine vielfältige Auswahl auf Lager und versenden auch größere Stücke bis hin zu ganzen Blöcken. Allerdings ist hier in der Regel eine Mindestabnahmemenge erforderlich, und Sie können die Stücke im Gegensatz zu den Bastelgeschäften nicht selbst aussuchen, sondern Sie sind auf die Auswahl des Versandgeschäftes angewiesen. Besondere Wünsche können meist nicht berücksichtigt werden. Sie werden den für Sie günstigsten und bequemsten Weg der Specksteinbeschaffung schnell herausfinden.

Werkzeug

Auf Abbildung 1 sind die wichtigsten Werkzeuge für die Specksteinbearbeitung abgebildet, eine Art „Grundausstattung". Mit dieser geringen Anzahl von Werkzeugen kommt ein Anfänger ohne weiteres aus. Davon sind Riffelraspel und Linolschnittwerkzeug Spezialwerkzeuge, die Sie am besten in Bastelgeschäften oder bei Versandfirmen für Bastel-, Hobby- und Künstlerbedarf beziehen. Die übrigen Werkzeuge wie Sägen, Staubpinsel, Beitel, Stahlwolle,

Abbildung 1

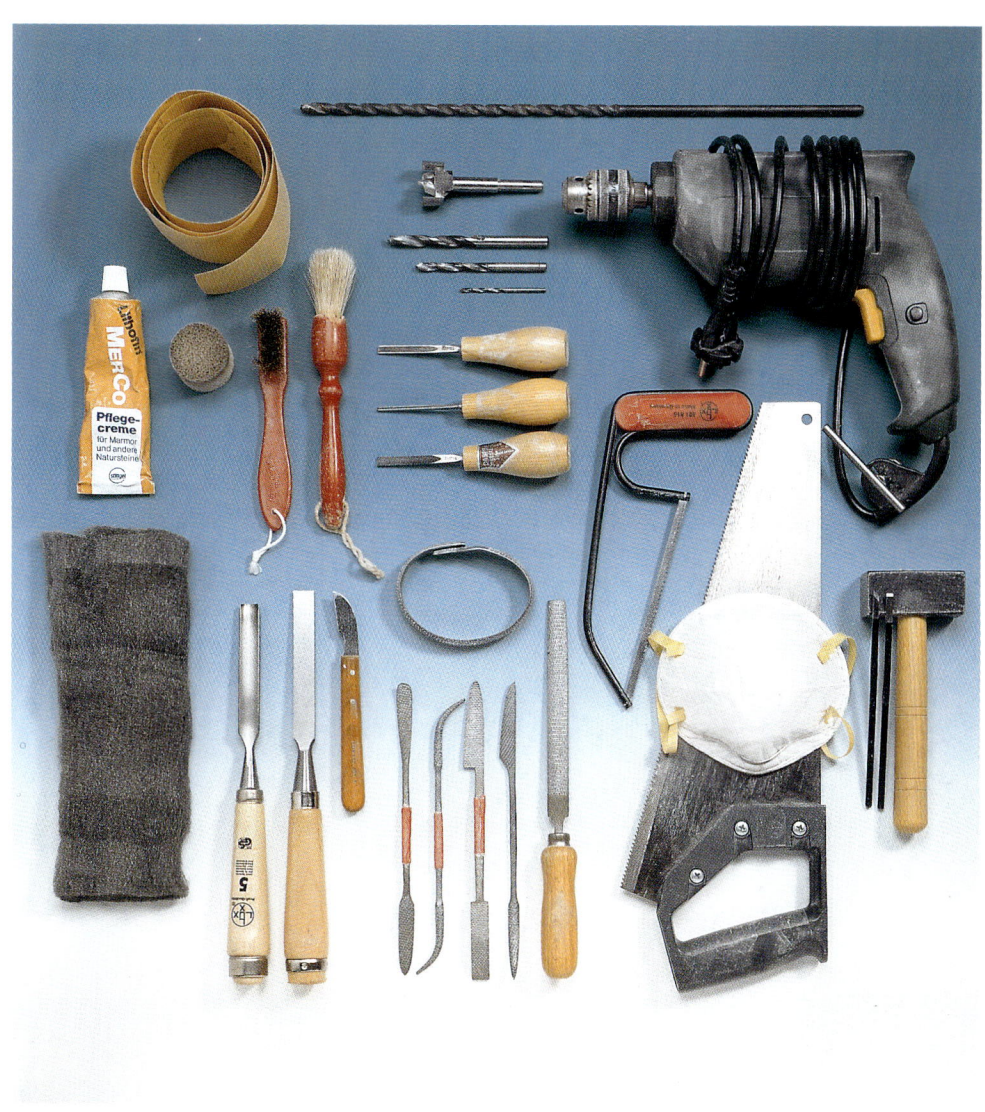

Abbildung 2

Schmirgelpapier, Steinpflegemittel, Polierschwamm und Feilenbürste können Sie auch in Baumärkten, im Fachhandel für Eisenwaren bzw. anderen Fachgeschäften kaufen, wenn sie nicht bereits im Haushalt vorhanden sind.

Abbildung 2 stellt eine sehr viel reichhaltigere Werkzeugauswahl vor, die für jeden interessant ist, der viel mit Speckstein arbeitet und sehr verschiedene Objekte mit den unterschiedlichsten Schwierigkeitsgraden anfertigt.
Diese Werkzeugauswahl insgesamt stellt nur einen Vorschlag dar. Vielleicht finden Sie Werkzeuge, mit denen Sie lieber arbeiten und die genausogut ihren Zweck erfüllen.

13

Im folgenden werden die einzelnen Werkzeuge aus Abbildung 2 in der Reihenfolge ihrer üblichen Verwendung genannt und erläutert:

Zum Sägen

1 gewöhnlicher „Fuchsschwanz", Blattlänge 300–350 mm, oder Spezialsäge für Speckstein, Ytong, Kunststoff, Edelstahl mit 3% Wolfram, Blattlänge 400 mm, zur Herstellung der Rohform
2 kleine Handsäge (PUK-Säge), mit Sägeblättern für Holz und Metall für feinere Arbeiten

Zum schlagenden Bearbeiten

3 kleiner Fäustel oder Steinmetzhammer
4 Sticheleisen, 4 mm breit, mit gerader und schräger Schneide
5 Schnitzbeitel gerade (Bastler-Flachmeißel), Stichbreite 8–14 mm
6 Holzbeitel, flachhohl, Stichbreite 8–12 mm

4–6 auch zum schabenden Bearbeiten benutzbar

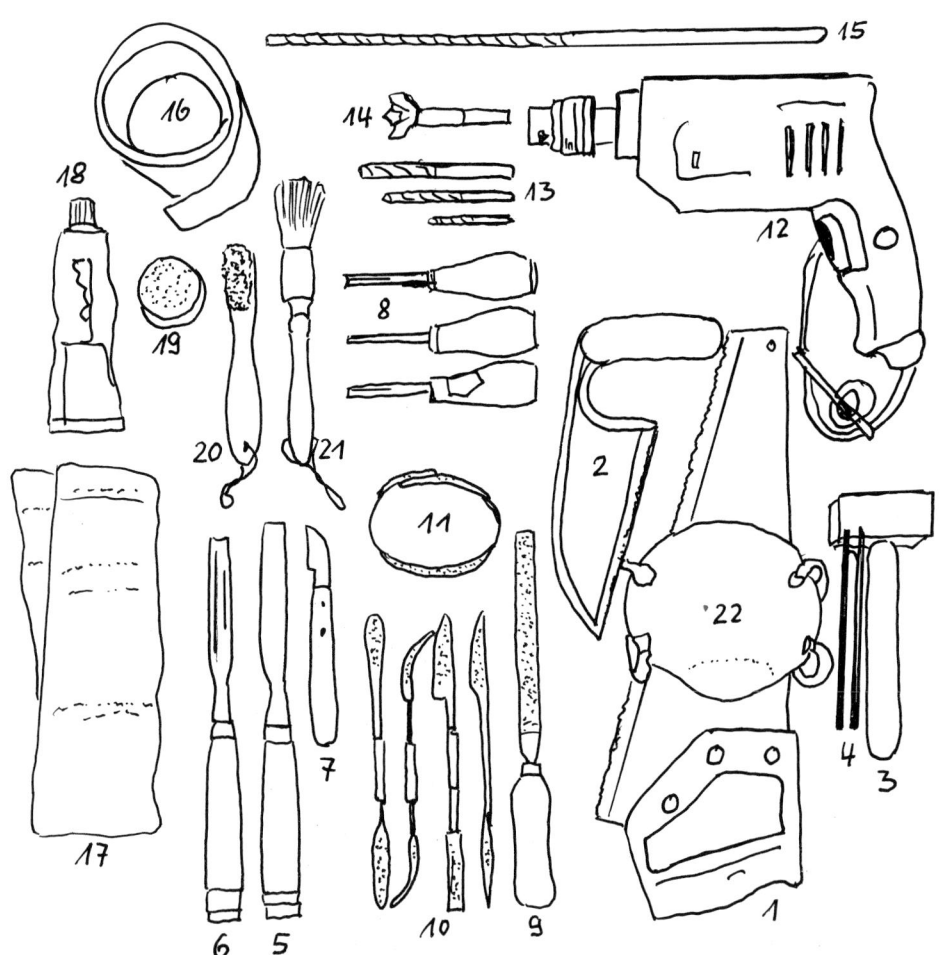

Zum Schnitzen und Schaben

7 Schnitzmesser für Holzschnitz-
arbeiten, z.B. Konturenmesser
8 diverse Holz- bzw. Linolschnitt-
messer, z.B. Flachhohleisen,
4 und 6 mm, Rilleisen

Zum Raspeln und Feilen

9 Grobraspeln, flach/halbrund, Hieb 2,
Hieblänge/Hiebbreite 200/20 mm (für
sehr grobe Arbeiten, nicht abgebildet)
oder handlicher: 150/16 mm (abgebildet)
für die Herstellung der Rohform
10 diverse Riffelraspeln, Hieb 3
für die Feinarbeit. (Besonders empfehlenswert ist eine Riffelraspel, bei der
eine Seite oval, leicht gebogen und
spitz auslaufend ist, die andere Seite
flach gebogen mit rundem Raspel-
ende.)
11 Aushöhlraspel zum Aushöhlen größe-
rer Flächen, grober Raspelhieb,
Raspelbreite 10 mm (ggf. auch breiter)

Zum Bohren

12 Bohrmaschine handelsüblich, wie in
fast jedem Haushalt vorhanden
13 diverse Holzspiralbohrer, Chrom-
Vanadium, Durchmesser 3–10 mm,
im Fachhandel erhältlich
14 Zylinder- oder Scharnierbohrer für
Holz und Kunststoff (Diese Bohrer
sind relativ teuer. Für die in diesem
Buch vorgestellten Arbeiten sind
sie nicht notwendig. Für andere
Objekte, wenn Sie z.B. Löcher in
Kerzenhalter bohren wollen, sind sie
gut geeignet.)
15 langer Bohrer (Ebenfalls eher für das
Anfertigen von Gebrauchsgegenstän-
den geeignet, z.B. für das Bohren von

Bohrlöchern für Lampenfüße und
Vasen.)

Zum Schleifen und Polieren

16 Schleif-(Schmirgel)papier verschie-
dener Körnung
Körnung 100 grob,
Körnung 120–240 mittel-fein
Körnung 320–600 sehr fein
Es werden auch Schleifpads (Schmirgelschwämme) unterschiedlicher
Körnung (100–400) angeboten, die
sich für den Feinschliff mit Wasser
anbieten und auswaschbar sind. Bei
feiner Körnung können sie auch
Stahlwolle ersetzen.
17 Stahlwolle, Sorte 000
für die Endbearbeitung zum Glätten
und Polieren
18 Steinpflegemittel
Es kann auch farblose Schuhcreme,
farbloses Bohnerwachs, Bienenwachs
etc. verwendet werden.
19 Schwamm zum Auftragen des Poliermittels. Es kann auch ein Tuch
verwendet werden.
Zum Polieren verwenden Sie ein
weiches Tuch.

Zum Säubern des Werkzeugs
und zur Sicherheit

20 Zündkerzenbürste zum Säubern der
Raspeln und Riffelraspeln.
Es gibt auch spezielle Feilenbürsten,
die aber teurer sind.
21 Staubpinsel zum Abstauben des
Steinstaubes, um das gesundheits-
schädlichere „Pusten" zu vermeiden
22 Maske als Atemschutz. Für Nichtbril-
lenträger genügt eine einfache Maske,
für Brillenträger ist eine Maske mit
Lüftung notwendig, um ein Beschlagen der Brille zu verhindern.

Arbeitsplatz

Wegen des bei der Arbeit mit Speckstein anfallenden feinen Steinstaubes sollte das Objekt in einem Raum bearbeitet werden, der leicht wieder gesäubert werden kann (Werkraum im Keller, Hobbyraum, Garage etc.) Im Sommer läßt es sich auch gut im Freien arbeiten.

Eine Unterlage auf dem Arbeitstisch aus Plastik, Papier oder ähnlichem ist empfehlenswert, damit der Staub problemlos abgeschüttelt werden kann. Wird eine Unterlage aus Papier benutzt (z.B. eine Zeitung), sollte sie leicht angefeuchtet werden, damit der Staub sich bindet. Außerdem ist wegen des freiwerdenden feinen Staubes auch ein einfacher Atemschutz vor Mund und Nase ratsam (siehe Abb. 2). Für Brillenträger gibt es einen speziellen Mundschutz mit einem Ventil für die ausgeatmete Luft, so daß das Beschlagen der Brille verhindert wird. Aufgrund der relativen Weichheit des Materials werden – abgesehen von den Schnitzmessern – keine scharfen Gegenstände zur Bearbeitung benötigt. Somit ist die Verletzungsgefahr relativ gering, und es müssen keine besonderen Sicherheitsmaßnahmen getroffen werden.

Bei der Arbeit mit Beitel, Sticheleisen und Schnitzmessern sollten Sie jedoch darauf achten, daß Sie immer vom Körper wegarbeiten.

Die Arbeit mit der Bohrmaschine erfordert die für Maschinen dieser Art von vornherein üblichen Sicherheitsmaßnahmen.

Figuren aus Speckstein

Grundprinzipien des Skulptierens

Das Gestalten einer Skulptur aus Speckstein setzt ein gewisses Maß an Form- und Reduzierungsgefühl sowie an räumlichem Vorstellungsvermögen voraus. Sie schaffen ein Objekt, das im Raum und damit von allen Seiten wirken soll, d.h. Sie begeben sich fort von der gewohnten Zweidimensionalität in die Dreidimensionalität. Das ist am Anfang sicherlich ungewohnt, da man üblicherweise Dinge von vorne betrachtet und nicht von allen Seiten. Sie sollten also ein Gefühl für die bestmögliche Form im Raum entwickeln und damit ein Gefühl dafür, wieviel Sie von einem Stein fortnehmen können und was stehen bleiben muß.

Anfänger finden sich relativ schnell in das „neue Sehen" hinein, wobei sie mit kleinen, überschaubaren Stücken anfangen sollten. Das Betrachten von fremden Plastiken, die genaue Beobachtung von Naturformen und das Anfertigen von Zeichnungen können helfen, das Gefühl für Formen zu schulen. Insbesondere bei Tieren genügt häufig das Erfassen von wenigen, für dieses Tier typischen Merkmalen, um das Objekt in Stein gestalten zu können.

Speckstein wird wie andere Gesteine skulptierend, d.h. wegnehmend von außen nach innen bearbeitet. Wenn Sie vorher schon aufbauend von innen nach außen gearbeitet haben, z.B. mit Ton, mag diese Arbeitsweise für Sie ungewohnt sein. Aber Sie werden sich schnell daran gewöhnen.

Für den Anfänger ist es empfehlenswert, sich bei den ersten Arbeiten an die vorgegebene Bruchsteinform zu halten. Beim geduldigen Betrachten des Steines ergeben sich häufig wie von selbst Anregungen und Ideen, was sich aus diesem Stein „machen" läßt. Fällt Ihnen nichts ein, lassen Sie den Rohstein ruhig ein paar Tage liegen, vielleicht stellt sich die Assoziation dann doch noch ein. Ergänzend kann es auch hilfreich sein, sich zusätzlich zur Gesteinsform, die das wichtigste Gestaltungskriterium sein sollte, durch Farbe und Maserung des Steines inspirieren zu lassen. Hierzu befeuchten Sie den Rohstein mit Wasser und erhalten dadurch einen Eindruck, wie Farbe und Maserung aussehen, die beim fertigen Stück erst durch die Politur zur Geltung kommen. Gerade bei Tierfiguren können Sie hierdurch zusätzlich zur Form Anregungen gewinnen, indem vielleicht Gliedmaßen, Schnauzen, Schwanzflossen etc. als Farbakzente ins Auge springen.

Bevor Sie sich an die Arbeit machen, kann es nützlich sein, eine Zeichnung der angestrebten Skulptur anzufertigen. Es kann auch eine fremde Vorlage umgesetzt werden, beispielsweise eine Tierabbildung aus einem Tierbuch oder einer Zeitschrift. Solche Vorlagen müssen nicht immer sklavisch nachgebildet werden, sondern können als Anregung dienen, die dann abgewandelt oder erweitert wird.

Vielleicht arbeiten Sie auch lieber „drauflos", ohne Vorlage und konkrete Vorstellung, und lassen sich überraschen, was bei diesem „Schöpfungsprozeß" spontan entsteht. Oder Sie haben Ihre Skizze nur im Kopf und arbeiten die Figur frei aus dem Vorstellungsvermögen heraus.

Ein gutes Hilfsmittel ist es, die Umrisse der gewünschten Form auf den von den gröbsten Unebenheiten befreiten Stein aufzuzeichnen und sich bei der Gestaltung daran zu orientieren. Es ist hierbei empfehlenswert, sowohl die Vorder- als auch die Seitenansichten zu umreißen, da es sich ja um ein dreidimensionales Objekt handelt. Auf diese Weise können Sie feststellen, ob der Stein so groß ist, daß die angestrebte Plastik erarbeitet werden kann.

Kohlestift oder Kreide sind zum Markieren auf dem Stein am besten geeignet, Filzstift ist dagegen unbrauchbar, da sich die Fasern mit dem Steinstaub vollsaugen und dann nicht mehr schreiben. Wenn Ihnen zu Ihrem Stein keine Idee kommt, was Sie erarbeiten könnten, ist es hilfreich, eine Skizze des Rohsteines anzufertigen. Sie vertiefen dadurch die Beschäftigung mit dem Stein, sehen durch das Zeichnen genauer hin und bekommen dadurch leichter eine Idee. Schrecken Sie generell nicht vor dem Skizzieren zurück. Die Zeichnung der gewünschten Form soll nur zur Orientierung für die spätere plastische Arbeit dienen, braucht nicht bis ins letzte Detail ausgearbeitet sein und kann auch jederzeit wieder geändert oder verworfen werden, wenn auftretende Besonderheiten des Steines oder eine neue Idee bei der praktischen Arbeit dies erfordern.

Vom Rohstein zum fertigen Objekt: Tierfigur

Da sich für Anfänger eher ein kleineres Objekt eignet, sollten Sie nach einem entsprechenden Stein Ausschau halten. Häufig steht ein solcher aber nicht zur Verfügung. Dann muß von einem größeren Rohstein ein Stück abgesägt werden.

Das abgesägte Stück bildet das Ausgangsmaterial für eine einfache Tierplastik und ist mit seiner gesägten Standfläche und der oberen bogenförmigen Rundung geeignet zur Gestaltung eines kleinen Tieres, etwa eines Tapirs, eines

Rohstein

Rohform einer Tierplastik

Zwergflußpferdes, eines Bären oder auch eines Schweins.
Fertigen Sie eine Zeichnung des Roh-lings an, und skizzieren Sie in diese den geplanten Tierkörper in seinen groben Umrissen hinein.

Zeichnung des Rohlings

In den Rohling skizziertes Tier

19

Diese Skizze dient als Vorlage für den ersten Arbeitsschritt mit der Grobraspel. Mit der Grobraspel wird die ungefähre Rohform geschaffen. Sie beginnen damit, den Tierkörper in seiner Grobform aus dem Stein „herauszuschälen", wobei Sie hier schon sehr früh darauf achten müssen, bei der Gestaltung von Rückenpartie und Kopf für die kleinen, abstehenden Ohren zwei Erhebungen im hinteren Kopfbereich stehenzulassen. Die Vorder- und Hinterbeine sind nur kurz und liegen weit auseinander. Zwischen ihnen wölbt sich in sanfter Rundung, fast den Boden berührend, der Bauch. All dies

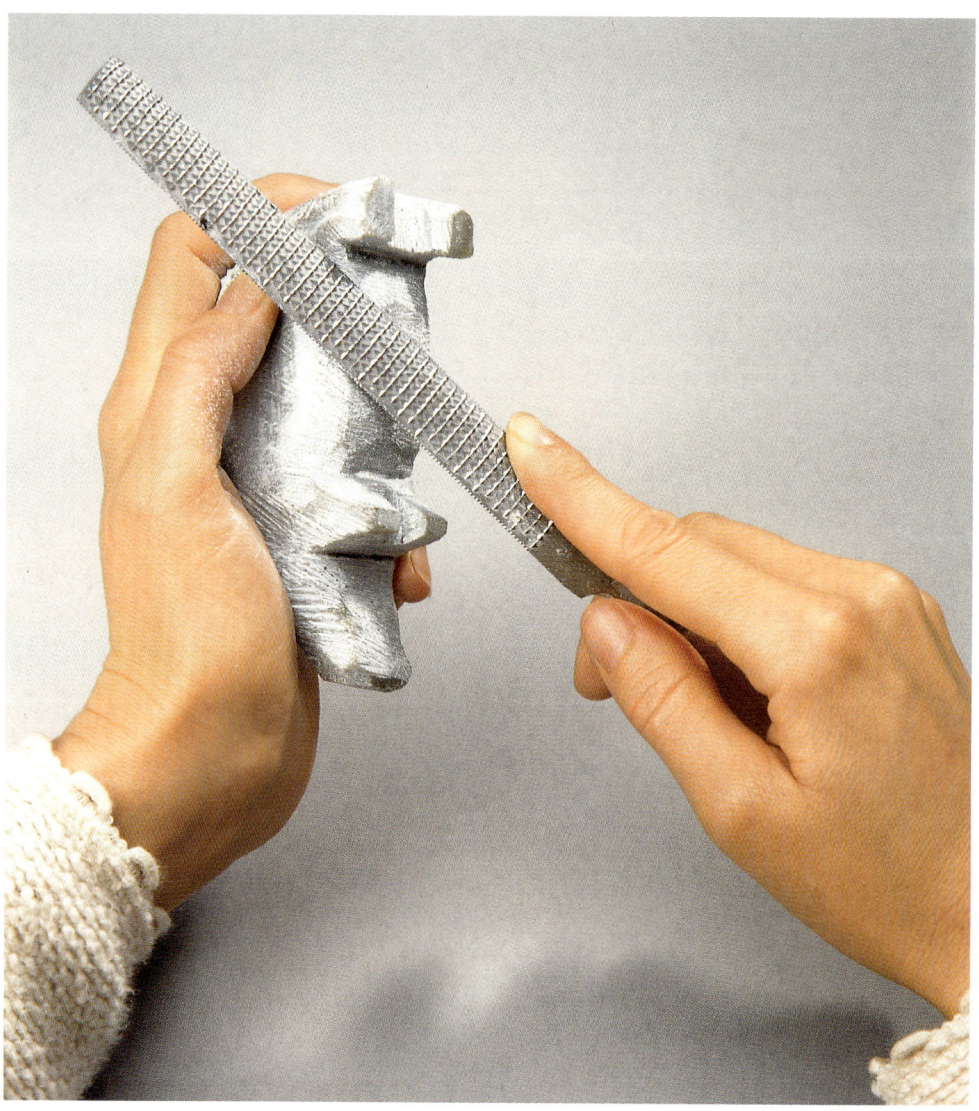

Arbeit mit der Grobraspel

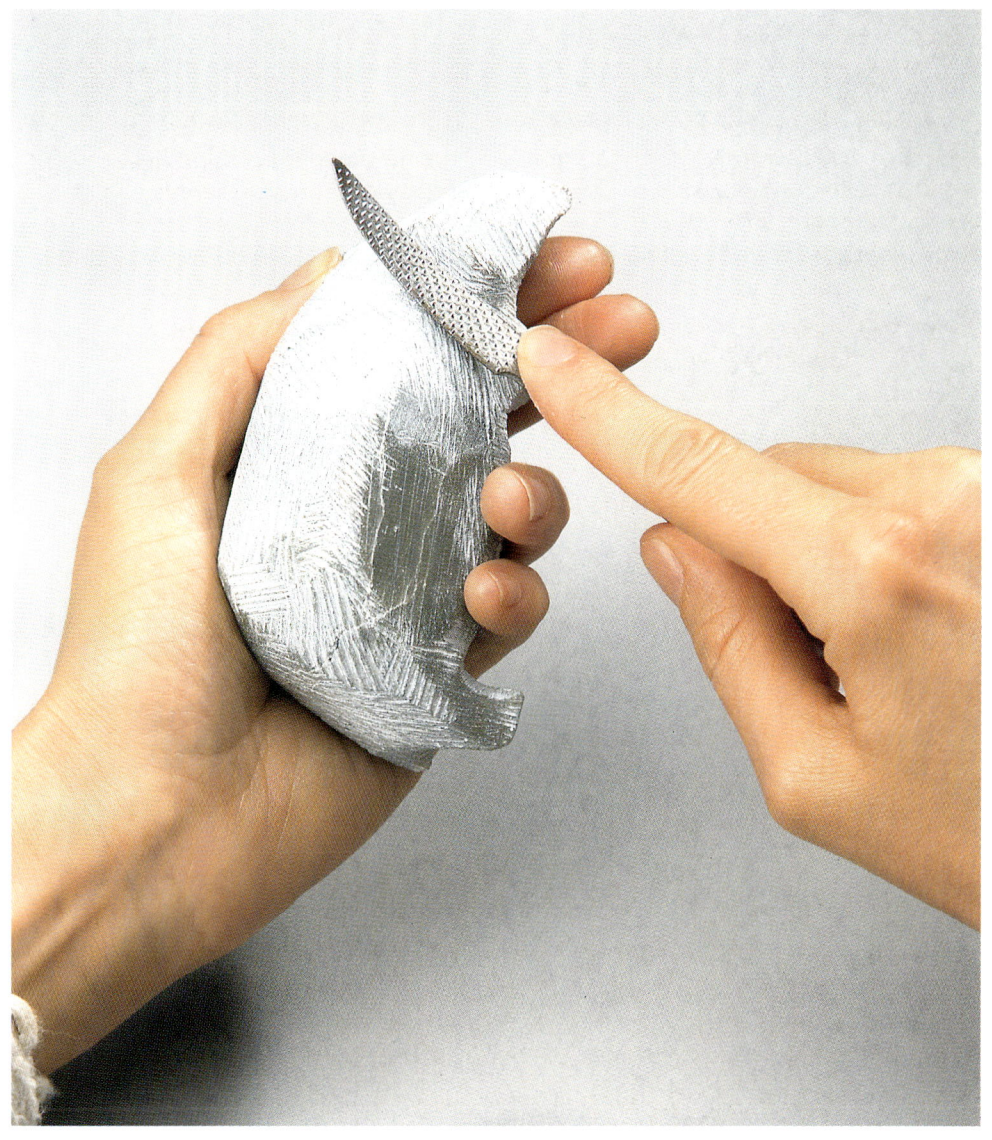

Arbeit mit der Riffelraspel

wird mit der Grobraspel vorgearbeitet. Danach verwenden Sie für die Feinarbeit die Riffelraspel. Ihr gebogenes Ende erlaubt ein sehr genaues, gefühlvolles Arbeiten, außerdem können Vertiefungen und geschwungene sowie runde Formen geschaffen werden. Mit der Riffelraspel wird z.B. die Feinarbeit an Maul und Ohren ausgeführt. Die Zwischenräume zwischen den Beinen hätten Sie auch mit ihr fortnehmen können. Die kleinen konkaven Höhlungen der Ohren werden mit einem nicht zu breiten Hohleisen ausgeschabt.

21

Jetzt ist das Tier soweit ausgearbeitet, daß es mit Schmirgelpapier seinen „letzten Schliff" bekommen kann. Dabei können Sie zunächst mit grober Körnung (100) trockenschleifen, um dann zu Schleifpapier feinerer Körnung (etwa 240) überzugehen. Auch Naßschleifpapier und Schmirgelschwämme (Naßschleifen) können verwendet werden. Danach wird mit Stahlwolle der Stärke 000 nachbehandelt. Auch mit ihr kann trocken oder naß geglättet werden. Beim trockenen Arbeiten staubt es sehr, beim nassen rostet die Stahlwolle und kann nicht noch einmal benutzt werden. Wenn Sie sehr feines

Schmirgeln

Auftragen des Poliermittels

Schleifpapier oder Schmirgelschwämme verwenden, kann auch auf die Stahlwolle verzichtet werden. Diese ganze Endbehandlung ist letztlich immer „Geschmackssache".

Das gleiche gilt für die Wahl des Poliermittels (Bohnerwachs, farblose Schuhcreme, Bienenwachs oder Steinpflegemittel), das Sie mit einem Schwamm oder Lappen auftragen und mit einem weichen Tuch nachpolieren. Dieser letzte Arbeitsschritt muß, da der Speckstein sehr viel Fett „schluckt", ein- oder mehrmals wiederholt werden.

Konnte man schon nach dem feinen Glätten die Farbe und Maserung des Steins sehr gut erkennen, so zeigt sich nach dem Polieren das fertige Werkstück in seinem „vollen Glanz". Die kleine Plastik könnte einen Tapir, ein Zwergflußpferd, einen Bär oder auch ein Schwein darstellen.

Jeder, der schon über Erfahrung mit Speckstein verfügt, kann durchaus seine persönlichen Arbeitsmethoden einsetzen und dabei diesem oder jenem Werkzeug den Vorrang geben.

Maße:
Länge 11 cm, Höhe 5 cm, Breite 3 cm

Fertige Tierfigur

Vögel – realistisch und abstrakt

Realistische Vögel

Vogel mit erhobenen Flügeln

Dieser einfach gestaltete Vogel ist eine typische Anfängerarbeit. Sie läßt sich auf einfache Grundformen zurückführen. Trotz des gedrungenen Körpers wirkt die Plastik aufgrund der Asymmetrie des Flügelpaares durchaus lebendig.

Maße:
Höhe 13 cm, Breite 9 cm, Tiefe 9 cm

Uhu

Der Uhu ist ein Eulenvogel und hat wie die Eulen eine relativ plumpe Gestalt mit einem dicken Kopf. Die Verbindung der „Federohren" zum gekrümmten Greifvogel-Schnabel und die Abgrenzung des flächigen Federkranzes um die Augen ist in einer elegant geschwungenen Linie zusammengefaßt worden. Der unbearbeitete Sockel wirkt wie ein steiniger Untergrund, auf dem der Uhu in freier Wildbahn gerne sitzt. Der Schwanz des Uhus hat dieselbe Höhe wie der Sockel.

Maße:
Höhe (mit Sockel) 14 cm, Breite 11 cm, Tiefe 8,5 cm

Eule mit Jungem

Die Darstellung eines Mutter- bzw. Vatertieres und eines Jungen ist schon wegen der unterschiedlichen Größenverhältnisse sehr interessant. Außerdem kann eine Art Beschützerfunktion gezeigt werden. In diesem Fall wird dies durch das einander Zugewandte der beiden „Gesichter" und das Einhüllende des rechten Flügels zum Ausdruck gebracht. Die plastische Gestaltung von zwei oder mehr Tieren ist anspruchsvoll und erfordert Vorausdenken. Die Grundform der Eule ist hier durch eine Art Eiform gegeben, die Asymmetrie der beiden Flügel trägt erheblich zur Belebung der Gruppe bei. Die Augen werden als Rundungen mit dem Hohleisen konkav ausgehöhlt, die Pupillen konvex erhaben stehengelassen. Der äußere Rand der Augen kann mit einem Rilleisen abgegrenzt werden,

dann können in die Augenhöhlen, den sogenannten „Schleier", innen die typischen Eulenaugenlamellen strahlenförmig mit einer Nadel eingeritzt werden. Die gesamten Ritzungen werden nach dem Polieren vorgenommen, damit sie sich weiß vom übrigen Stein abheben. Der Schnabel ist verhältnismäßig schwach angedeutet. Dagegen sind die Krallen der Eulenmutter recht detailliert ausgearbeitet und umfassen die Unterlage in der typischen Eulenhaltung. Der Untergrund hebt sich durch späteres Aufrauhen mit der Riffelraspel von den Vogelkörpern ab. Die Eule steht als Sinnbild der Weisheit, aber auch als unheimliches oder schlechtes Vorzeichen.

Maße:
Höhe 10,5 cm, Breite 15,5 cm, Tiefe 8 cm

Abstrakte Vögel

Weißer Vogel

Die beiden Bilder zeigen, daß eine Plastik durchaus nicht symmetrisch angelegt werden muß, sondern daß sie – in diesem Fall ausgehend von der ursprünglichen Steinform – unterschiedliche Ansichten haben kann: Bei diesem abstrakten weißen Vogel bietet die Plastik dem Betrachter von jeder Seite ein neues Bild.

Der weiße Rohling war eiförmig und

hatte einen leicht rosa Schimmer. Es sollte kein bestimmter Vogel dargestellt werden, die Assoziation Vogel drängt sich vielmehr durch den großen Schnabel auf, der die Skulptur beherrscht. Der Reiz der Figur entsteht durch die fließenden Formen bei Betonung der Vertikalen, es scheint fast, als würde sich ein Vogel an einen anderen anlehnen.

Als Werkzeug diente fast ausschließlich die Grobraspel, die Einkerbungen und rillenartigen Vertiefungen wurden teilweise mit der Riffelraspel vorgenommen. Der schwarze Sockel kontrastiert besonders gut zu dem Weiß der Figur.

Maße:
Höhe 22 cm, Tiefe 11 cm, Breite 8 cm

Marabu

Marabus sitzen oft so, daß man ihre Beine kaum sieht. Sie sind eher bedächtige und langsame Tiere, die Sie im Zoo leicht zeichnen können. Besonders charakteristisch ist der lange spitze Schnabel, den der Marabu in ruhender Haltung an den Körper anlegt.

Die Flügel mit dem Schwanzgefieder erinnern in Länge und Form ein wenig an einen Frack. Diese Merkmale sind in der stark abstrahierten Plastik aufgegriffen worden.

Diese Figur ist für einen Anfänger, der schon mit Grob- und Riffelraspel umzugehen weiß, nicht schwierig. Der anliegende Schnabel kann mit der Riffelraspel vorgearbeitet und mit einem Schnitzmesser oder auch einem Rilleisen vom Körper abgesetzt werden. Die Schnabelrundung erzielen Sie am besten mit Schleifpapier.

Maße:
Höhe 19 cm, Breite 7,5 cm, Tiefe 8 cm

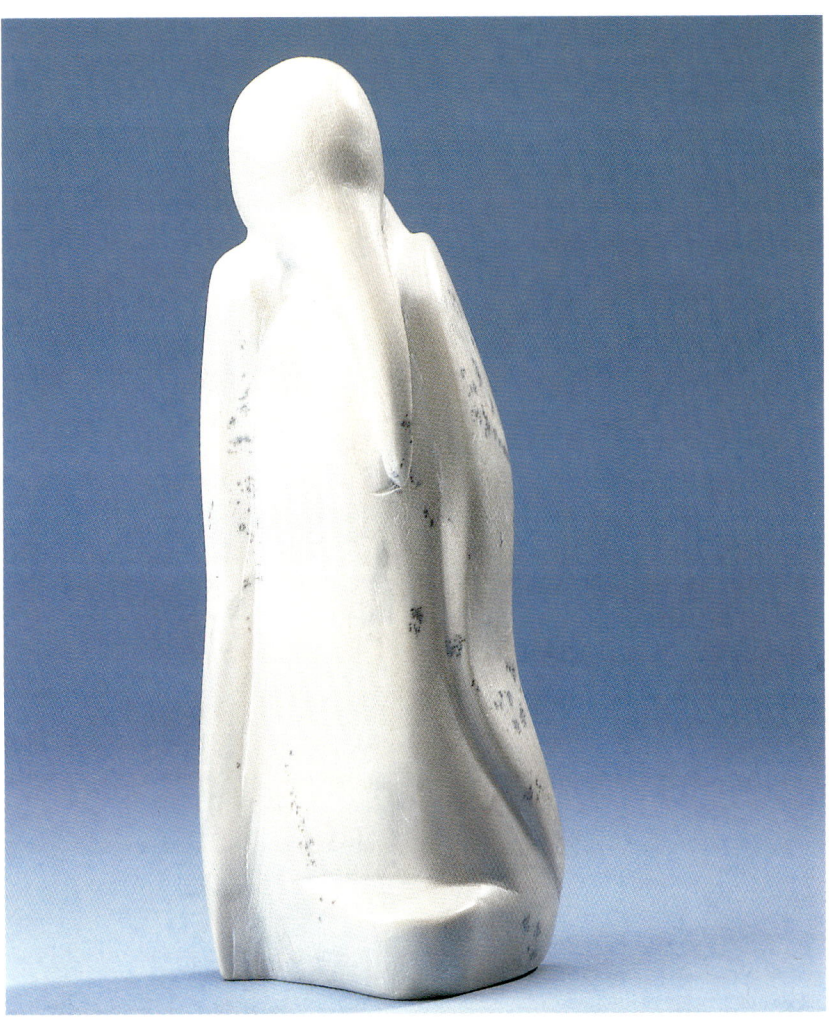

Pelikan

Pelikane haben einen plumpen Körper-
bau und sind außerdem durch den ge-
waltigen Schnabel mit seinem Unter-
schnabelsack gekennzeichnet. Der Schnabel wird in Ruhestellung oft an den elegant geschwungenen Hals angelehnt.
Die geschilderten Eigentümlichkeiten ver-
sucht die vorliegende, stark abstrahierte
Plastik wiederzugeben. Auf Details, wie
Augen, Beine und Gefieder, wurde verzichtet. Der schwarze Stein mit weißer
Maserung trägt zusätzlich dazu bei, die
Plumpheit des Pelikans hervorzuheben.
Die Plastik wird auf die übliche Weise mit

Säge, Grobraspel und Riffelraspel bearbeitet. Der Durchbruch zwischen Hals und
Schnabel kann mit einem Elektrobohrer
ausgeführt, aber selbstverständlich auch
mit einer schmalen Riffelraspel von beiden Seiten her erarbeitet werden. Auch
ein drehendes Bohren mit einem Hohleisen (Linolschnittwerkzeug) ist möglich.
Der Vogel wirkt besser, wenn Sie ihn auf
einen Sockel stellen, z.B. auf einen einfachen Ziegelstein.

Maße:
Höhe 13 cm, Breite 8 cm, Tiefe 14 cm

Abstrakter Hahn

Der Hahn wird hier durch die typischen Merkmale wie Hahnenkamm, Kehlsack und Schnabel charakterisiert. Zusätzlich kennzeichnet ihn eine typische, stolze Hahnen-Haltung. Das Schwanzgefieder ist in parallel laufende Dreiecksformen auf-gegliedert, die mit Grob- und Riffelraspel herausgearbeitet werden. Die Füße werden in einer Art Sockel zusammengefaßt.

Maße:
Höhe 28 cm, Breite 11,5 cm, Tiefe 7 cm

Im Wasser lebende Tiere

Beige-brauner Fisch

Dieser Fisch ist zwar keine naturgetreue Nachbildung eines bestimmten Fisches, weist aber doch die typischen Fischmerkmale auf: wulstiges Maul, große Augen, Rückenflosse und einen sehr markanten Schwanz, in den eine im Stein vorhandene Kerbe mit einbezogen wurde.

Die von den Kiemen bis zum Schwanz durchgehende Mittellinie, die Kiemenspalten, Augen und die stark vergrößerten Schuppen können mit dem Schnitzmesser oder dem Rilleisen in den Stein geschnitten werden. Der Spalt zwischen Ober- und Unterlippe wird am besten mit einer Riffelraspel ausgeführt. Die Standfläche des Fisches wird so gewählt, daß der Schwanz sich recht schwungvoll vom Boden erhebt.

Maße:

Höhe 7 cm, Länge 15 cm, Breite 4,5 cm

Grüner Fisch

Der Ausgangsrohling dieser Plastik (Abb. S. 34) war ein 2 kg schwerer, grüner, länglicher Stein. Daraus sollte ein Fisch entstehen, zumal die grüne Farbe auch das Element Wasser suggeriert. Deswegen wurde der Fisch so gestaltet, daß Rückenflosse und Schwanz ein wenig an eine Welle erinnern. Die Form ist einfach, auf das Wesentliche reduziert und wurde bis auf das Maul und die schwach angedeuteten Augen mit der groben Raspel aus dem Stein herausgefeilt. Die Kerbe für das Fischmaul kann mit einer Riffelraspel oder einem Schnitzmesser gearbeitet werden.

In der Natur kommen die unterschiedlichsten Fischformen vor, so daß selbst die eigenwilligsten Objekte durchaus noch Ähnlichkeit mit einem Fisch haben und auch für den Anfänger ein

33

lohnendes Arbeitsziel sein können.
Der Fisch galt in vielen alten Religionen als ein Symbol des Todes, aber auch der Fruchtbarkeit. Außerdem ist er in vielen Kulturen ein beliebtes Glückszeichen.

Maße:
Länge 23 cm, Höhe 10 cm, Tiefe 6,5 cm

Delphin

Der hellbeige Stein mit grauer und bräunlicher Maserung hatte schon als Rohstein eine Form, die an einen liegenden Delphin erinnerte.
Der Delphin ist mit seiner Stromlinienform und seiner einfachen und klaren Gestalt leicht zu erarbeiten und erhält

seine typischen Merkmale durch die spitz zulaufende Schnauze und die Rückenflosse sowie Seiten- und Schwanzflossen.

Maße:
Länge 19 cm, Höhe 6 cm

Walroß

Die Schwere und Wuchtigkeit des Wal-
roßkörpers kommt bei dieser Plastik sehr
gut zum Ausdruck.
Die mächtigen Eckzähne des Oberkiefers
sind ein besonders typisches Merkmal,
auf deren Darstellung hier sehr viel Sorg-
falt verwandt wurde. Sie können die
Hauer am Körper anliegend gestalten
oder, wie in diesem Fall, plastisch herausarbeiten. Der Schnauzbart – ebenfalls
charakteristisch für das Walroß – ist eingeritzt, ebenso Nasenlöcher und Augen.

Weitere Merkmale für dieses Tier sind
die wulstig breite Kopfform mit den
zurückliegenden Augen und der insgesamt wuchtige Körper.

Die graue Färbung des Steins mit den
kristallartigen Einsprengseln weckt Asso-
ziationen an Wasser und Eis, die Lebens-
räume des Walrosses.

Maße:
Höhe 10 cm, Breite 13 cm, Tiefe 7 cm

Reptilien und Amphibien

Schlange

Wenn Sie eine Schlange gestalten möchten, wählen Sie einen entsprechenden Rohstein aus, der genug Platz für einen geringelten Schlangenkörper bietet, aus dem sich Hals und Kopf erheben. Die nicht benötigte Fläche zwischen unterem Körper und Kopf wird weggesägt (Fuchsschwanz und Puk-Säge). Die grobe Form wird mit der Grobraspel erarbeitet, für die Höhlung des unteren, sich zu einem Oval ringelnden Körpers wird ein Hohleisen verwendet. Die Einkerbung des Mauls wird mit dem Schnitzmesser vorgenommen, die Augenwülste erhaben stehengelassen.

Die Schlange ist Symbol der Sünde, des Teufels und böser Menschen, gleichzeitig aber auch Symbol der Klugheit. Wegen ihrer jährlichen Häutung wurde sie außerdem zum Zeichen der Lebenserneuerung.

Maße:
Höhe 13,5 cm, Breite 11,5 cm, Tiefe 8 cm

Schildkröte

Steht Ihnen nur ein kleines Stück Speckstein zur Verfügung oder eines, das von einem größeren Stein abgesägt wurde (etwa zur Gewinnung einer Standfläche), läßt sich daraus unter Umständen sehr gut eine kleine Schildkröte erarbeiten. Der flachgewölbte Bauchpanzer bietet eine ideale Standfläche. Achten Sie darauf, daß der Stein genügend Raum läßt für den gewölbten Rückenpanzer, Kopf und Hals sowie für die Beinpaare und eventuell den Schwanz, die alle aus dem Rücken- und Bauchpanzer heraustreten.
Bei unserem Beispiel wurde auf den Schwanz verzichtet, dafür aber um so mehr Wert auf die Ausgestaltung der gefelderten Hornplatten gelegt. Die Felderung des Rückenpanzers läßt sich gut mit einem Rilleisen (Holz- oder Linolschnittwerkzeug) oder einem Schnitzmesser erzielen. Der Kopf wurde leicht hochgestellt, die Augen nur durch Einkerbungen angedeutet. Der braune Stein war vortrefflich dazu geeignet, dieses urtümliche Reptil zu charakterisieren.
Schildkröten sind Sinnbild der Beständigkeit und Unsterblichkeit sowie Mittler zum Jenseits.

Maße:
Länge 9 cm, Breite 7 cm, Höhe 4 cm

Kröte

Diese dicke Kröte ist ein idealer Briefbeschwerer. Das typische breite Maul wird mit einem Messer, einem Rilleisen oder einer Riffelraspel in den Stein geschnitten. Zu berücksichtigen ist, daß die Augen kugelig hervortreten. Die Pupillen sind in diese „Halbkugeln" konkav eingelassen. Dies geschieht am besten nach dem Polieren und Einwachsen, damit sie sich weißlich abheben. Ebenso ist mit dem Trommelfell etwas unterhalb der Augen zu verfahren.
Über den Rücken zieht sich eine langgezogene Mittellinie, die sich mit dem Rilleisen gut einritzen läßt. Die Vorder- und Hinterbeine sind nur reliefartig angedeutet.

Maße:
Höhe 7 cm, Länge 9 cm, Breite 6 cm

Säugetiere

Rohstein

Elefant

Nachdem bereits am Beispiel der Tierfigur auf Seite 18 ausführlich gezeigt wurde, wie der Weg vom Rohstein zum fertigen Objekt verläuft, sollen bei diesem Elefanten verschiedene Arbeitsschritte nochmals anhand von Fotos gezeigt werden.

Beim Betrachten des Rohsteins drängt sich spontan die Idee auf, daraus einen Elefanten entstehen zu lassen. Besonders rechts im Stein sind Kopf und Rüssel schon andeutungsweise vorgebildet. Die Konturen des Elefanten werden auf den Stein aufgezeichnet

und die äußere Form mit der Grobraspel „herausgeschält". Dabei braucht
hier nur verhältnismäßig wenig vom
Stein entfernt zu werden.
Der Einschnitt zwischen den Vorder-
beinen und dem Rüssel sowie der
Spalt zwischen den Hinterbeinen und
dem Schwanz wurden mit der kleinen
Handsäge herausgesägt.

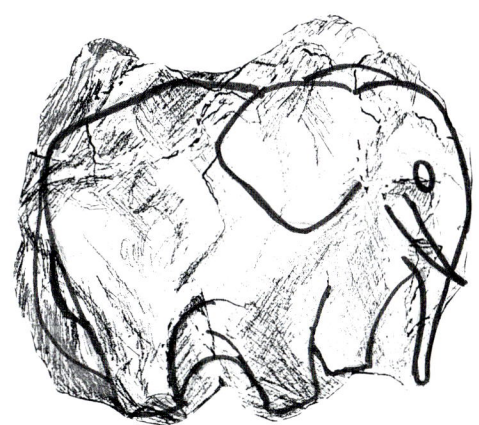

Sägen

Es folgt die Arbeit mit der Riffelraspel, mit der die Feinarbeit am Rüssel, an den Stoßzähnen, an den leicht gelappten Ohren und am Schwanz vorgenommen wird. Die Kontur des Auges können Sie mit dem Rilleisen einritzen und weiter mit einem anderen geeigneten Instrument (z.B. Hohleisen) aushöhlen. Die Abbildungen zeigen weiter, daß die Figur noch erhebliche Riffelungen aufweist, die von der Arbeit mit den Raspeln herrühren und geglättet werden müssen. Es ist arbeitssparend, diese starken Riefen mit der Rückseite

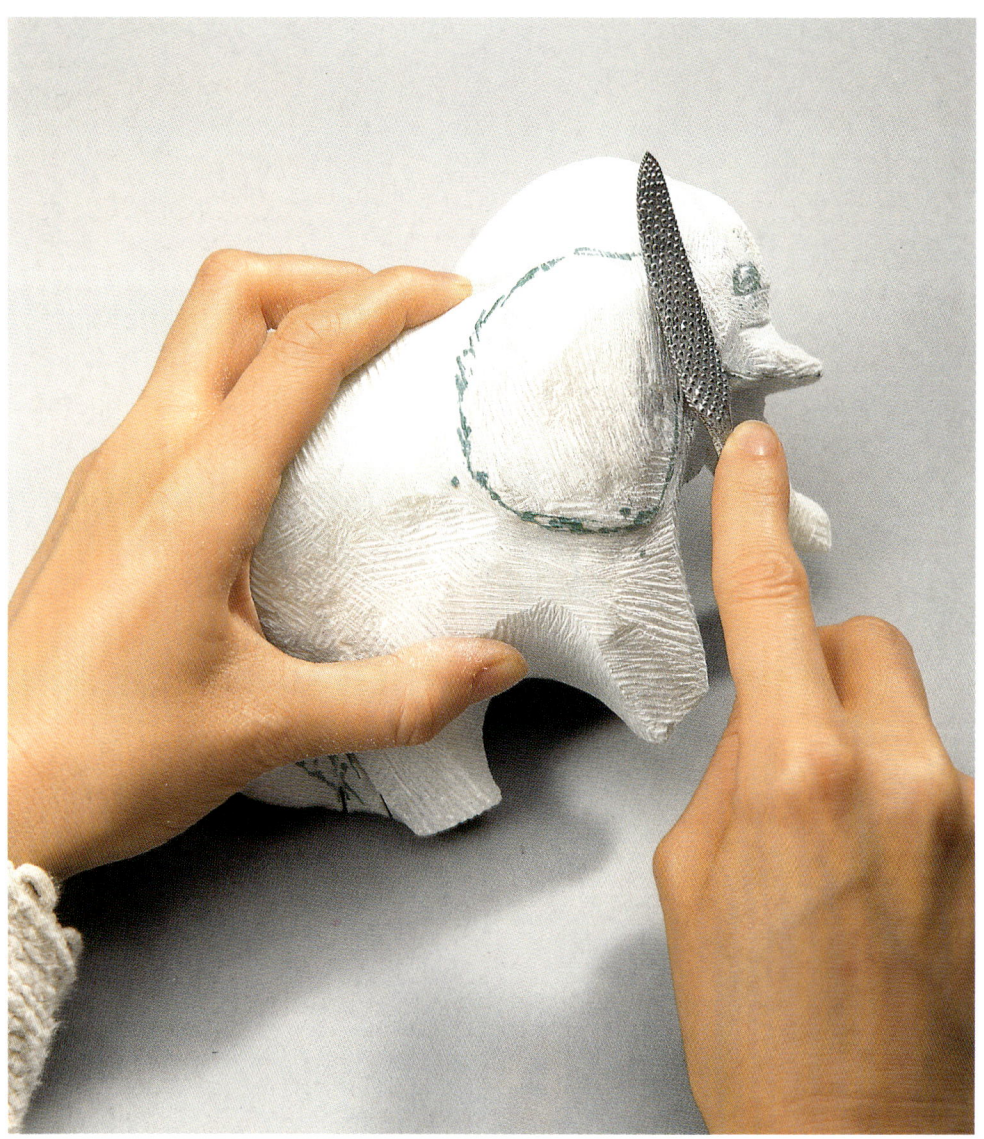

Arbeit mit der Riffelraspel

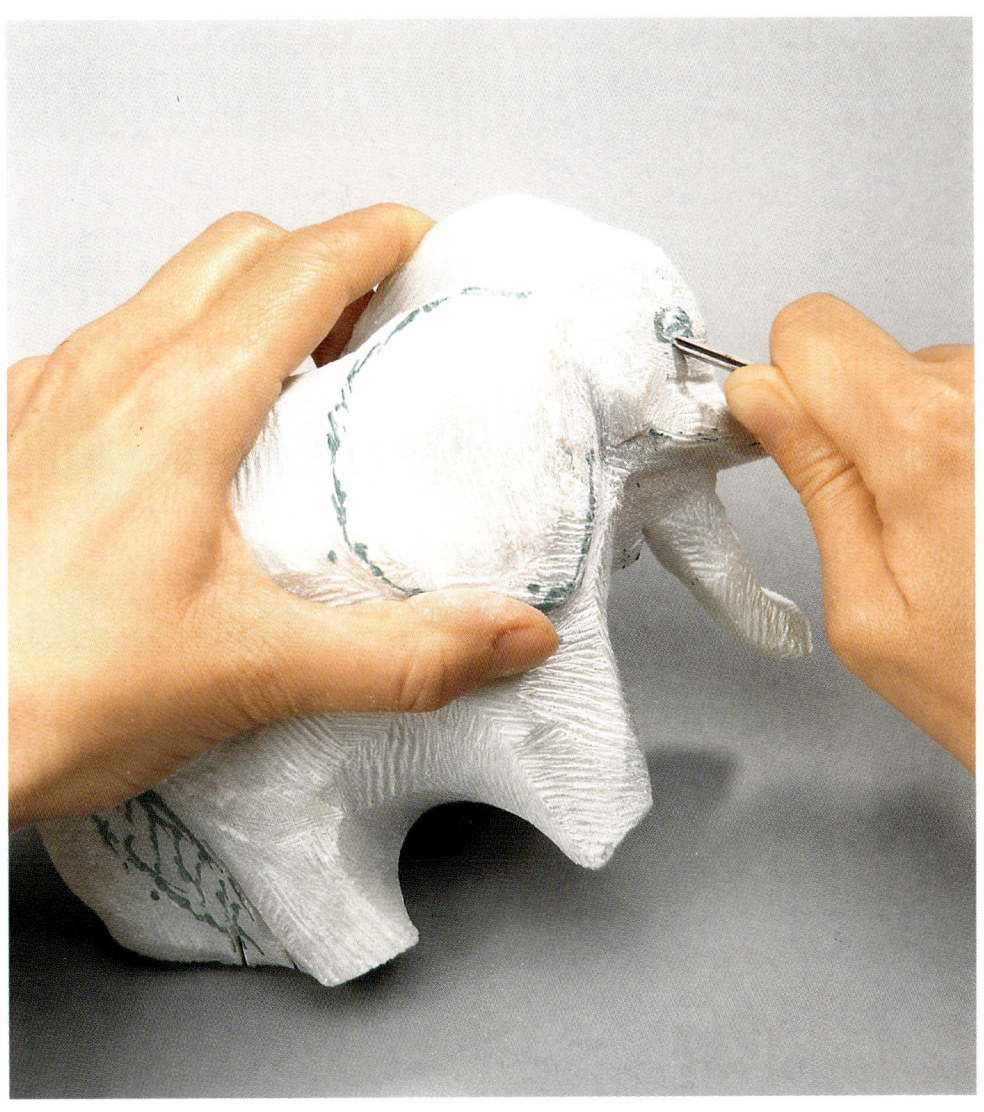

Arbeit mit dem Rilleisen

eines Küchenmessers oder Schnitz-
messers zu glätten, bevor Sie mit dem
Schleifen mit Schleifpapier oder Schmir-
gelschwamm beginnen.
Jetzt scheint der Elefant fast fertiggestellt
zu sein; ein Perfektionist wäre aber noch
nicht zufrieden und wird versuchen, die

Kerbung unten am rechten Standbein
auszugleichen sowie die etwas störende
Maserung zwischen Auge und Ohr, die
erst nach dem Polieren deutlich zutage
trat, durch Wegraspeln abzutragen. Das
ist allerdings nur möglich, wenn das
störende Steinmaterial nicht zu tief liegt.

Dieser Elefant ist ein gutes Beispiel dafür, wie die Kontur des Rohsteines Anregungen für das zu gestaltende Objekt geben kann. Wegen des Rüssels, der Stoßzähne und anderer Besonderheiten sollte sich allerdings nur ein Fort- geschrittener an diese Tierplastik wagen, es sei denn, der Elefant würde sehr abstrahiert gezeigt.

Maße:
Höhe 11 cm, Länge 15 cm, Breite 8 cm

Fertiger Elefant

Maus

Diese kleine Maus hat die Größe eines Handschmeichlers und liegt durch ihre rundliche Form sehr gut in der Hand. Während der Körper wenig ausgearbeitet ist, kennzeichnen der Kopf mit den abstehenden Ohren und der angelegte, geringelte Schwanz die Skulptur deutlich als Maus.

Die Höhlungen der Öhrchen wurden mit dem Holzschnittmesser (Flachhohleisen) 4 mm breit geformt.

Interessant bei diesem Stück sind die dunkelgrauen kristallartigen, fast an Moos erinnernden Einschlüsse im Stein.

Maße:
Höhe 4 cm, Länge 10,5 cm, Tiefe 5 cm

43

Tanzbär

Wenn man sich diese Bärenplastik ansieht, denkt man unwillkürlich an einen Tanzbären im Zirkus. Er hat etwas Verspieltes und Lustiges. Dieser Eindruck entsteht vielleicht auch durch die runden Formen und das etwas Pummelige der Skulptur.

Außer der Grobraspel für das „Vorformen" wurde für die feinere Modellierung, insbesondere für den Kopf und die Beine, eine gebogene Riffelraspel benutzt. Die Ohren lassen sich wie bei der „Maus" mit dem Flachhohleisen aushöhlen. Für die Feinausarbeitung von Ohren, Nase und Schnauze können Sie ein Schnitzmesser benutzen. Für die Höhlungen zwischen den Beinen verwenden Sie am besten ein Flachhohleisen.

Maße:
Höhe 11 cm, Breite 8 cm, Tiefe 7 cm

Zwei Katzen

Bei diesen beiden Katzen fällt der Gegensatz von mehr naturalistischer Darstellungsweise (schwarze Katze) und mehr abstrakter Ausarbeitung (grau-grüne Katze) auf.

Grundsätzlich bietet jede Tierfigur die Möglichkeit, sie entweder sehr realistisch oder mehr abstrakt zu gestalten. Die Entscheidung bleibt dem persönlichen Geschmack überlassen.

Beide Katzen sind in sitzender Stellung gestaltet; dies bietet sich aus mehreren Gründen an:

a) es ist eine für Katzen recht typische Haltung,

b) die plastische Darstellung einer Katze ist so am einfachsten,

c) der Charakter des Steins bot das Sitzen als eine kompaktere Darstellungsweise an,

d) zeichnerische Vorstudien sind bei einer sitzenden Katze einfacher, da sie sich hier länger in Ruhe befindet.

Katzen werden vor allem durch die typische Katzenhaltung charakterisiert, deshalb ist eine Formvereinfachung sinnvoll: Der Schwanz wird an den Körper gelegt, Muskeln sind nur angedeutet, Beine und Pfoten nicht näher beschrieben. Bei der schwarzen Katze ist allerdings die „Gesichtspartie" sehr detailliert hervorgehoben, dies belebt die gesamte Erscheinung (Werkzeug: vor allem Riffelraspel, Holz- oder Linolschnittwerkzeug).

Maße:

grau-grüne Katze:
Höhe 12 cm, Breite 11 cm, Tiefe 7 cm
schwarze Katze:
Höhe 13 cm, Breite 12 cm, Tiefe 8 cm

Naturalistischer Stier

Bei aller Wuchtigkeit – der Stier ist ja ein Sinnbild für Stärke und Kraft – wirkt dieser Stier im Vergleich zu dem nachfolgenden Beispiel eher „grazil". Diese Wirkung wird durch eine sehr viel stärkere Ausgestaltung des Körpers erreicht, insbesondere von Kopf, Beinen, Schwanz und Rückenpartie. Der Kopf ist gesenkt gehalten, dadurch erinnert er an einen Stier in einer Stierkampfarena.

Die vorwiegend mit der groben Raspel ausgeführten kantigen Formen betonen das Athletische und Kräftige des Körpers.

Bei den Beinen und dem hochgestellten Schwanz empfiehlt sich ein etwas vorsichtigeres Arbeiten, besonders in der letzten Phase mit der Riffelraspel, um ein Abbrechen der dünnen Gliedmaßen zu vermeiden. Der Kopf hat eine Dreiecksform, die Hörner legen sich an den Kopf an. Das Ausarbeiten von abstehenden Hörnern würde bei einem so kleinen Stück eine erhebliche Bruchgefahr bedeuten.

Maße:
Höhe 10 cm, Länge 15 cm

Abstrahierter Stier

Im Gegensatz zu dem vorher gezeigten Stier ist diese Skulptur stark abstrahiert. So verkörpert dieser Stier in seiner einfachen Darstellungsweise nur noch Kraft und Wuchtigkeit. Beine, Kopf und Körper „zerfließen" ineinander. Der Rücken wölbt sich kräftig nach oben. Die Hinterbeine sind zusammengefaßt, und auch die Vorderbeine trennt nur ein dreieckiger Ausschnitt voneinander. An den mächtigen Nacken schließt sich der nach unten geneigte Kopf dreiecksförmig an. Die Hörner werden nur angedeutet. Dabei wirkt das Tier nicht zuletzt wegen einer leichten Asymmetrie – Kopf und Hals neigen sich stark nach einer Seite – durchaus lebendig.

Der braune, leicht gesprenkelte Stein eignete sich ausgezeichnet für diese Art der Darstellung. Übrigens ist es manchmal sehr viel schwieriger, eine in sich stimmige abstrahierende Plastik zu formen als eine, die im Vergleich dazu naturalistisch und detaillierter ist.

Das für diese Figur eingesetzte Werkzeug beschränkt sich im wesentlichen auf die grobe Raspel. Eine Riffelraspel wurde nur bei der Ausarbeitung der Kopfpartie und dem oberen Ansatz der Vorderbeine benötigt. Sie kommen also – wie bei vielen in diesem Buch vorgestellten Objekten – mit einer minimalen Werkzeugausstattung aus.

Maße:
Höhe 9 cm, Länge 13 cm, Breite 6 cm

Löwin

Wohl kaum ein Tier ist so häufig plastisch dargestellt worden wie der Löwe. Ob als Türklopfer, als Wächterfigur vor öffentlichen oder herrschaftlichen Gebäuden oder als Wappentier – die Darstellungsmöglichkeiten des Löwen scheinen fast unerschöpflich zu sein und ziehen sich nicht nur durch unsere abendländische Kultur, sondern ebenso durch viele andere Kulturen.

Der Löwe gilt als König der Tiere und steht für Macht, Tapferkeit und kriegerische Tugenden, deshalb war er auch ein beliebtes Wappentier.

Der grau-grünliche Rohstein, aus dem dieser Löwe gearbeitet wurde, hatte ursprünglich eine längliche Dreiecksform. Die obere Spitze ließ für die etwas voluminösere Ausgestaltung einer Löwenmähne nicht genug Platz, deshalb fiel die Entscheidung zugunsten einer Löwin. Die Formen sind eher kantig, der Kopf hat die für katzenartige Raubtiere typische kurze, fast dreieckige Form. Die Augen sind mit dem Schnitzmesser als kleine Dreiecke eingeritzt, die Nasenpartie ist nur angedeutet, über Augen und Nase zieht sich der für Löwen typische Wulst. Während beim Löwen die Ohren mehr oder weniger durch die Mähne verdeckt sind, sind sie bei der Löwin sichtbar. Sie treten kegelförmig hervor. Eine kleine Mähne ist durch Aufrauhen mit der Grobraspel nach dem Polieren angedeutet. Die Hinterbeine sind reliefartig an den Körper angelegt, die Flanken der Hinterbeine sind etwas stärker akzentuiert herausgearbeitet. Die Vorderbeine liegen lässig vor dem Körper, die Zehen der Tatzen sind nur schwach durch kleine Einritzungen angedeutet.

Diese Löwenplastik kann auch auf einen Sockel gesetzt werden, beispielsweise einen Ziegelstein oder einen Holz- bzw. Speckstein-Block.

Maße:
Länge 19 cm, Breite 8 cm, Höhe 11 cm

Fabeltier

Hier wurde der Phantasie freier Raum gelassen. Das Beispiel zeigt, daß Sie sich bei der Gestaltung von Tierplastiken keineswegs immer an das natürliche Aussehen halten und ein bestimmtes Tier vor Augen haben müssen. Die Steinform war bestimmend für die äußere Gestalt. Auf diese Weise entstand ein massiges echsenartiges Wesen, das aber auch Flossen hat, also durchaus dem Wasser entstiegen sein könnte. Am markantesten sind Augen, Maul und Schwanz ausgeführt. Prägend sind außerdem die vier Stummelfüße und die fest aufliegenden dicken Flossen.

Die Figur wurde bewußt nicht fein poliert, um das Archaische zu betonen.

Maße:
Höhe 13 cm, Länge 17 cm, Breite 11 cm

Menschen

Mutter und Kind

Bei dieser Skulptur handelt es sich um ein sehr klassisches Motiv, das schon viele Bildhauer behandelt haben (z.B. Ernst Barlach, Henry Moore und andere). In einer innigen Umarmung fließen Mutter und Kind zu einer Einheit zusammen.

Die Form des Rohsteins gab den Ausschlag, eine solche Skulptur zu schaffen. Zuerst wurde der Rohstein abgezeichnet, dann wurden die Konturen der geplanten Figur farbig in die Zeichnung des Rohsteines hineinskizziert. Es kann zweckmäßig sein, Zeichnungen des Rohsteines sowohl von vorn als auch von der Seite anzufertigen und sie mehrfach zu fotokopieren. Dann können Sie damit experimentieren, verschiedene Figurenideen in die Skizze des Rohsteins hineinzeichnen und am Ende die beste auswählen. Die groben Figurenumrisse der ausgewählten Idee können dann mit einem Stift – am besten geeignet ist ein Kohlestift – auf den Rohstein übertragen werden. Den eingezeichneten Umrissen entsprechend wird mit der Grobraspel die grobe Form herausgearbeitet. Dann werden die Rückenpartie der Frau und des Kindes mit ihren Feinheiten sowie Arme, Beine und Köpfe gestaltet. Das Gesicht der Mutter und die Hände von Mutter und Kind sind detailliert herausgearbeitet worden, während das Gesicht des Kindes schon wegen der gesenkten Kopfhaltung nicht näher ausgeführt ist. Bei Menschendarstellungen ist es besser, einen nicht so stark gemaserten Stein auszusuchen, da die Maserung u.U. von der Gestalt ablenkt und der Skulptur damit ein Stück Wirkung nimmt.

Maße:
Höhe 15 cm, Tiefe 13 cm, Breite 6 cm

Mutter trägt ihr Kind

Hier ist noch einmal das Thema Mutter und Kind aufgegriffen worden. Einen Fuß leicht vorgesetzt schreitet die Mutter voran, das Kind huckepack auf ihren Schultern. Das Kind schaut nach vorn, die Mutter ist unter der Last, vielleicht auch unter der Verantwortung, etwas gebeugt. Die Figur zeigt wieder ein enges Miteinander von Mutter und Kind, ohne daß diese jedoch – wie bei der vorigen Gruppe – zu einer Einheit verschmelzen.

Wenn Sie sich vornehmen, eine etwas kompliziertere Skulptur dieser Art aus Speckstein zu formen, empfiehlt es sich besonders, vorher eine Skizze anzufertigen. Dadurch werden Ihnen die Proportionen von Mutter und Kind und die Haltung des Kindes auf den Schultern der Mutter sowie die Art, wie es sich festhält, klarer.

Für dieses Motiv wurde ein länglicher Rohling ausgewählt. Begonnen wurde mit dem Kopf und dem Körper des Kindes. Schulter- und Kopfpartie der Mutter ergaben sich aus der Art, wie das Kind auf ihren Schultern sitzt. Der übrige Körper wurde entsprechend gestaltet, wobei die Rockfalten dominierend wirken. Die Arm- und Handhaltung der Mutter wurde dadurch bestimmt, wie sie die Unterschenkel des Kindes umfaßt.

Diese Skulptur ist ein Beispiel dafür, daß nicht vorhersehbare Einsprengsel im Stein in seltenen Fällen auch störend wirken können. Denn leider lokalisierten sich bei dieser Plastik nach Fertigstellung helle Einsprengsel im Gesichts- und Armbereich des Kindes, die dort unpassend wirken. Dieses Problem entsteht hauptsächlich bei menschlichen Figuren, von denen wir am ehesten – vor allem im Gesichtsbereich – einen makellosen Stein erwarten.

Maße:

Höhe 22 cm, Breite 6,5 cm, Tiefe 8 cm

Familie

Der Rohstein, aus dem diese Figurengruppe gestaltet wurde, war sehr flach und hatte eine Dreiecksform, die sich nach hinten hin noch etwas verjüngte. Drei kleine Erhebungen an der Spitze regten dazu an, drei Köpfe zu bilden. Da der Stein rechts vorne höher war und mehr Tiefe aufwies als an seinem linken hinteren, spitz auslaufenden Ende, wurde mit einer männlichen, nach vorn blickenden Figur begonnen. An diese lehnen sich die Mutter- und die Kinderfigur an. Augen, Nase und Mund wurden mit dem Schnitzmesser angedeutet, die Haare nach dem Polieren mit der Riffelraspel „eingekratzt".

Diese Plastik wirkt besonders durch die Köpfe, die Körper selbst „zerfließen" im Stein, einzig die Arme sind noch angedeutet. Dadurch entsteht der Eindruck einer Zusammengehörigkeit, einer Einheit. Durch die hintere Spitze kommt Bewegung in die Gruppe, die dunkle und helle Maserung trägt zusätzlich dazu bei.

Maße:

Höhe 13,5 cm, Breite 12,5 cm, Tiefe 5 cm

Frauentorso

Hände „verschmelzen" wieder mit dem Stein.

Die Figur ist von hinten fotografiert worden, weil diese Partie besonders charakteristisch ist und die Neigung des Torsos zur linken Seite, die zu seiner Bewegtheit beiträgt, durch die lange Rückenpartie zusätzlich betont wird.

Die Beschaffenheit des Gesteinsbrockens erlaubte es, einen großen Teil des Steinmaterials mit Meißel und Fäustel schlagend wegzunehmen (siehe Zeichnung). Der anthrazitfarbene, weißgeäderte, aus China stammende Stein läßt sich wegen seiner geringen Bruchgefahr meist gut auf diese Weise bearbeiten. Nachbehandelt wurde auf die übliche Weise mit Grob- und Riffelraspeln usw.

Höhe 45 cm

Für diese Plastik stand ein relativ großer Stein mit einer Höhe von 45 cm zur Verfügung. Seine Form regte zu einem Frauentorso an. Er wurde bewußt z.T. unbearbeitet gelassen, um ihm etwas Archaisches zu geben.

So ist der „Kopf" in seiner ursprünglichen, nicht gestalteten Form verblieben. Erst vom Hals und den Schultern an wurde die Figur allmählich aus dem „Urgestein" herausmodelliert, ohne daß der Zusammenhang mit diesem ganz verlassen wurde, denn die Unterarme und die – nicht im Detail ausgeführten –

Arbeit mit Meißel und Fäustel

Kopf im Profil

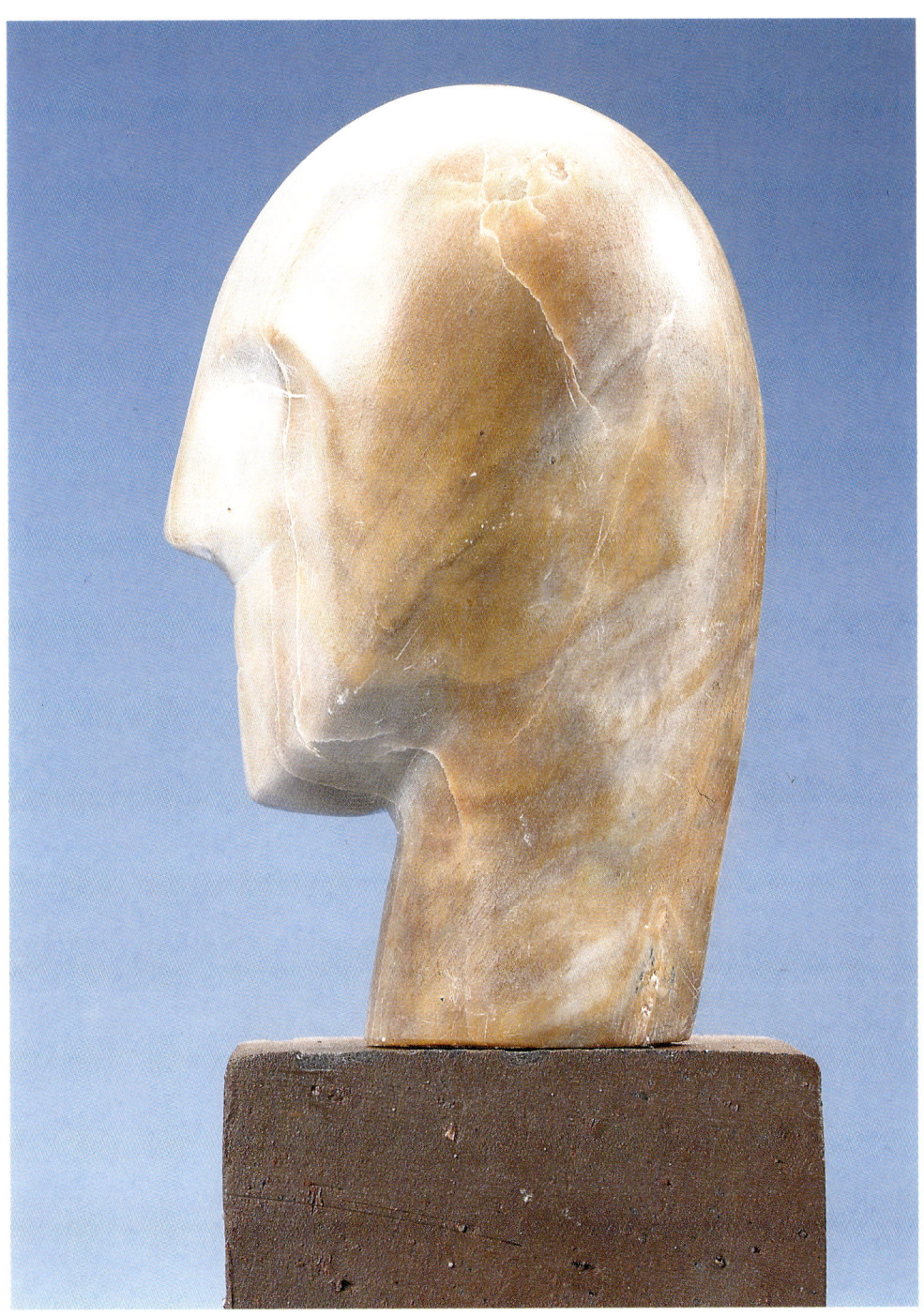

Ein lebendig gemaserter, verhältnismäßig flacher Stein gab die Anregung zu einem männlichen Profilkopf. Kontur erhält die Figur durch eine einheitliche, gebogene Linie, die vom Nacken über den Scheitel bis zur Nasenspitze verläuft. Augen, Nase, Mund und Hals sind jeweils stufenförmig voneinander abgesetzt. Die Vertiefung der Augen setzt sich bis zum spitz zulaufenden Kinn fort. Augen und Mund sind durch Einritzungen markiert. Das Kinn springt gegenüber dem Hals rechtwinklig vor und ist, wie das gesamte Gesicht, recht kantig. Der ganze Kopf ist zweiseitig symmetrisch aufgebaut und sehr abstrakt gehalten. Es wird eher ein Typ als eine Persönlichkeit dargestellt. Die Figur steht auf einem hochkant gestellten Ziegelstein, dadurch wird die Vertikale noch mehr betont, und der Kopf läßt sich besser betrachten.

Maße:
Höhe 16 cm, Breite 5,5 cm, Tiefe 10,5 cm

Portrait-Kopf

Aus diesem 6 kg schweren, grünlichen Stein wurde vorn ein Frauenantlitz einschließlich der Halspartie herausskulptiert. Ansonsten wurde der Rohling weitgehend im Urzustand belassen, da der Gegensatz zwischen unbearbeitetem und gestaltetem Gestein sehr reizvoll sein kann.
Lediglich ein paar störende „Zacken" wurden mit der Grobraspel fortgenommen.
Es entstand dadurch auch der Eindruck, daß das Gesicht von einer üppigen Haarfülle umrahmt wird. Die Scheitelpartie ist etwas kurz und stumpf, so daß die Augen, die sich normalerweise in der Mitte zwischen Scheitel und Kinn befinden, etwas höher liegen. Mund, Nase und Augen wurden im Gegensatz zum vorher gezeigten, flachen Männerkopf sehr viel stärker akzentuiert. Der etwas in sich gekehrte Ausdruck des Gesichts wird dadurch erreicht, daß die mandelförmigen Augen konvex aus den großen konkaven Augenhöhlen hervortreten. Auf eine Ausgestaltung der Lider, Pupillen etc. wurde verzichtet.
Zur Anwendung kamen die üblichen Werkzeuge: Grobraspel, besonders aber Riffelraspeln und Linolschnittwerkzeuge. Der letzte Arbeitsschritt war das Polieren mit Stahlwolle. Gewachst wurde nicht, um die grünliche Farbe nicht allzu sehr zu betonen.

Auch einige dunkle, kristallartige Einschlüsse im Nasen- und Augenbereich wären durch ein Einwachsen störender hervorgetreten. Der Gewichtsverlust zwischen Rohling und fertiger Plastik war recht gering, weil ein großer Teil unbearbeitet stehenblieb.

Maße:
Höhe 19 cm, Breite 16 cm, Tiefe 17 cm

Freie Formen

Calla

Möchten Sie florale Formen plastisch darstellen, empfiehlt es sich, Beispiele zu wählen, die gleichzeitig sehr einfach, aber auch sehr prägnant sind, z.B. unkomplizierte Blüten- oder Fruchtformen. Die Calla erfüllt diese Bedingungen. Sie hat eine sehr typische Form, nämlich ein breit ausladendes und geschwungenes Hochblatt und einen verhältnismäßig langen, geraden, kolbenförmigen Blütenstand.

Beim Benetzen des vorgesehenen Steins mit Wasser zeigte sich ganz deutlich, daß die Färbung von braun-beige zu bläulich überging, so daß der Blütenkolben sich vom Blatt auch farblich abheben würde. Das Hochblatt nimmt die ursprüngliche Steinform schwungvoll auf, die Form ist leicht umgestülpt nach außen gebogen. Der Blütenkolben ist nicht frei herausgearbeitet, sondern reliefartig an das Blatt angelehnt. Beim freien Herausarbeiten bestände die große Gefahr, daß die Kolbenform wegbrechen könnte.

Für diese Calla benötigen Sie nur wenige Werkzeuge. Nach der Grobgestaltung mit der Grobraspel werden die geschwungenen Formen mit der gebogenen Seite einer Riffelraspel im Detail ausgearbeitet, und zwar einschließlich der ausladenden Teile des Hochblattes und seiner „Überlappungen" rechts im Bild. Auch die innere Höhlung zur Mitte hin kann mit der Riffelraspel ausgeführt werden. Möglich ist auch ein schabendes Aushöhlen mit einem etwas breiteren Flachhohleisen (z.B. 6 mm). Berücksichtigen Sie, daß Sie für den Blütenkolben ein entsprechend langes, schmales Stück des Steins (etwa 6–7 mm) stehen lassen, das Sie dann mit der Riffelraspel vorformen und anschließend mit grobem Schleifpapier halbrund und nach oben spitz zulaufend ausformen.

Maße:
Höhe 11,5 cm, Breite 11 cm, Tiefe 5 cm

Aufspringende Frucht

Aus einem hellgrünen Stein mit leicht bräunlicher, schlierenartiger Maserung entstand diese Plastik. Sie setzt sich zusammen aus einem inneren Kugelelement sowie zwei einhüllenden, etwas gegeneinander verschobenen Schalen und soll eine aufplatzende Frucht darstellen. Die Ränder der beiden Schalen sind mit der Riffelraspel etwas nach außen gebogen worden und leicht geschwungen, was der Form eine elegante Plastizität verleiht. Die Skulptur ist insgesamt eher abstrakt angelegt und stellt damit ein Gegenstück zu der vorher gezeigten Callablüte dar.

Maße:
Höhe 8,5 cm, Tiefe (Länge) 11,5 cm, Dicke 9,5 cm

Abstrakte Plastik mit Durchbrüchen

Für diese rein abstrakte Plastik wurde ein grüner, leicht rötlich changierender Stein ausgewählt. Die ursprüngliche Steinform wurde weitgehend beibehalten, vorhandene Vertiefungen im Stein zunächst stärker ausgehöhlt, sodann mit einem elektrischen Bohrer durchbrochen und zuletzt mit einer gebogenen Riffelraspel zu mehr oder weniger großen Löchern erweitert und bearbeitet. Das Resultat ist eine dynamisch geschwungene Form mit Betonung der Vertikalen, die durch ihre Durchbrechungen eine gewisse Leichtigkeit erreicht.

Wie die beiden Abbildungen zeigen, ergeben sich auch bei diesem Werkstück sehr unterschiedliche Ansichten, je nachdem von welcher Seite man die Plastik betrachtet.

Das fertige Objekt wurde auf die Spitze gestellt und auf eine unregelmäßige, schieferartige Specksteinplatte montiert. Das geschah, indem die Platte durchbohrt und das Bohrloch bis ca. 2 cm tief in die Plastik hinein verlängert wurde. Danach wurde eine geeignete Schraube von unten durch die Unterlage in die Plastik eingedreht. Um eine bessere Haftung der Schraube zu erreichen, empfiehlt es sich, diese mit einem Hartkleber zu bestreichen. Statt der Schraube könnten Sie auch einen Holzbolzen verwenden. Wenn Sie das Risiko des Durchbohrens scheuen, können Sie die Skulptur auch nur mit einem Hartkleber auf der Unterlage befestigen.

Maße:
Höhe 19 cm

Kristalliner Körper

Während die vorher gezeigte helle, durchbrochene Form einen fließend organischen Charakter hat, ist diese schwarze, abstrakte Plastik ein Beispiel für eine geometrisch-konstruktive Gestaltungsweise. Der sich nach oben hin zu einer Spitze verjüngende Rohling wurde in pyramiden- bzw. tetraederartig aufeinander zulaufende Dreiecke und unregelmäßige Vierecke unterteilt. Dadurch entstand der Eindruck eines gewachsenen kristallinen Körpers. An Werkzeugen kam vornehmlich die Grobraspel zur Anwendung. Die Feinarbeit blieb fast ausschließlich auf das Schmirgelpapier beschränkt, mit dem auch die Kanten „entschärft" wurden. Zum Schluß wurde der Stein wie üblich mit Stahlwolle und Wachs behandelt.

Maße:
Höhe 15 cm

61

Abstrakte Skulptur

Der Reiz dieser Arbeit besteht darin, daß nur der zentrale Teil ausgearbeitet ist, während die äußeren Partien weitgehend unbearbeitet blieben bzw. zur Mitte hin nur Spuren der Bearbeitung aufweisen. Beide Seiten sind unterschiedlich gestaltet. Die auf dem Foto nicht abgebildete Seite zeigt im Zentrum eine kreisrunde Höhlung, die sich tiefschwarz vom umgebenden Gestein abhebt, während die abgebildete Seite in ihrem bearbeiteten Kern die Vertikale betont und scharfkantig vorspringend angelegt ist.

Der schwarze Rohling eignete sich in der ersten Gestaltungsphase zu einer Bearbeitung mit Fäustel und Meißel (s. a. Frauentorso). Bei dieser vorbereiteten Arbeitsweise wird verhältnismäßig schnell viel Steinmaterial abgetragen. Dann schloß sich wieder die Arbeit mit Raspeln und Riffelraspeln etc. an.

Da die Skulptur relativ hoch und zugleich massig bei nur kleiner Standfläche ist, würde es sich auch anbieten, sie auf einen hohen weißen Sockel zu stellen und mit diesem durch eine starke Gewindeschraube von unten zu verbinden (s. a. Abstrakte Plastik S. 60).

Maße:
Höhe 37 cm

Ein Dankeschön an alle, die Specksteinfiguren für dieses Buch zur Verfügung stellten:

Janice Luther:
Vogel S. 25, Eule S. 27,
graugrüne Katze S. 45, Calla S. 58,
Aufspringende Frucht S. 59

Irmgard Neuhoff:
Fisch S. 33, Fabeltier S. 49

Irene Roesler:
Abstrakte Skulptur S. 63

Ingeborg Wolk:
Uhu S. 26, Delphin S. 34, Walroß S. 35,
Schildkröte S. 37, Maus S. 43,
Tanzbär S. 44, schwarze Katze S. 45

Alle anderen Figuren sind von
Ingrid Reher.

Eine Auswahl aus unserem Gesamtprogramm

ISBN 3-8241-0498-9
Broschur, 64 Seiten

ISBN 3-8241-0596-9
Broschur, 64 Seiten

ISBN 3-8241-0467-9
Hardcover, 64 Seiten

ISBN 3-8241-0356-7
Hardcover, 64 Seiten

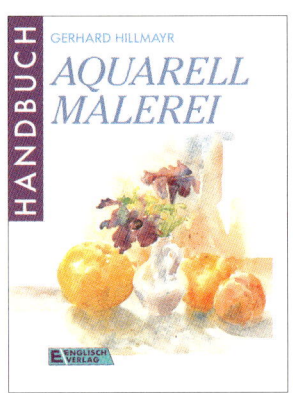

ISBN 3-8241-0493-8
Hardcover, 144 Seiten

ISBN 3-8241-0523-3
Hardcover, 64 Seiten

ISBN 3-8241-0590-X
Hardcover, 64 Seiten

ISBN 3-8241-0597-7
Hardcover, 64 Seiten

ISBN 3-8241-0669-8
Hardcover, 64 Seiten